108 citaten

van Amma

over Vertrouwen

Mata Amritanandamayi Center, San Ramon
Californië, Verenigde Staten

108 citaten van Amma over Vertrouwen

Uitgegeven door :

Mata Amritanandamayi Center, P.O. Box 613
San Ramon, CA 94583
Verenigde Staten

—————————— 108 Quotes on Faith (Dutch) ——————————

Copyright 2015 © Amrita Books, Amritapuri, Kerala 690546,
India.

Eerste uitgave van het MA Center: mei 2016

In Nederland:

www.amma.nl
info@amma.nl

In België:

www.vriendenvanamma.be

In India:

inform@amritapuri.org
www.amritapuri.org

1

De Universele Kracht bestaat in jou, maar deze kennis heeft misschien nog geen wortel kunnen schieten. Deze Hoogste Waarheid kan alleen door vertrouwen en meditatie bereikt worden.

2

Spiritualiteit heeft niets met blind vertrouwen te maken. Het is het principe van bewustzijn dat de duisternis verdrijft. Veel spirituele meesters hebben diepgaand onderzoek verricht, zelfs meer dan sommige moderne wetenschappers. Terwijl de wetenschap de uiterlijke wereld van airconditioning voorziet, voorziet spiritualiteit de innerlijke wereld van airconditioning.

3

Heel vaak vergeten we dat sterk vertrouwen en onschuldige liefde gemakkelijk op niveaus kunnen komen waar intellect en logica niet kunnen komen. We kunnen zien dat onschuld de drijvende kracht achter de baanbrekende ontdekkingen van veel beroemde wetenschappers is geweest. Heb je gezien hoe een kind alles met wijd open ogen vol verwondering bekijkt? Op dezelfde manier bekijkt een echte wetenschapper dit universum ook vol verwondering. Hierdoor kan de wetenschapper de diepste mysteries van de natuur onderzoeken.

4

Vertrouwen is de basis van alles. Het vertrouwen en de devotie van de mensen, niet de rituelen en ceremonies, vullen tempels met spirituele energie. Als je voldoende vertrouwen hebt, kan ieder water even heilig als de rivier de Ganga worden, maar zonder vertrouwen is zelfs de Ganga alleen maar gewoon water.

5

We proberen vaak het leven alleen met intellectueel redeneren en logica te beoordelen en evalueren, maar met deze houding kunnen we geen diepe kennis en ervaring bereiken. We moeten leren om de ervaringen van het leven met liefde en vertrouwen te benaderen. Dan zal het leven al zijn mysteries aan ons onthullen.

6

Heb vertrouwen in de theorie van karma (actie en reactie) en dan zul je de onzichtbare hand van God overal zien. De verborgen kracht van God is de oorzaak van alles wat manifest is.

7

Als er feiten voor handen zijn, is er geen behoefte aan vertrouwen. Het is een feit dat de aarde, planten, bomen, rivieren en bergen allemaal bestaan. Er is geen vertrouwen nodig om te weten dat ze bestaan. Vertrouwen is nodig wanneer rationeel denken tekortschiet. Omdat God onzichtbaar is, ben je helemaal van vertrouwen afhankelijk om in Zijn bestaan te geloven.

8

Zoals je de woorden van wetenschappers vertrouwt die over feiten praten die wij niet kennen, moet je vertrouwen hebben in de woorden van de grote Meesters die over de Waarheid spreken. Zij zijn daarin gevestigd.

9

De geschriften en de grote Meesters herinneren ons eraan dat het Zelf, of God, onze ware aard is. God is niet ver van ons weg. Het is wie we werkelijk zijn, maar we hebben vertrouwen nodig om ons deze waarheid eigen te maken.

10

God is niet tot een tempel of een bepaalde plaats beperkt. God is overal aanwezig en almachtig en kan iedere vorm aannemen. Probeer je geliefde Godheid in alles te zien.

11

God is niet een beperkt individu die alleen op een gouden troon in de hemel zit. God is zuiver Bewustzijn dat in alles verblijft. Begrijp deze waarheid en leer iedereen te accepteren en van iedereen gelijk te houden.

12

De basis van spiritualiteit in niet blind vertrouwen. Het is oprecht onderzoek, het is een intense verkenning van je innerlijke Zelf. Vertrouwen in een hogere macht helpt ons onze geest en gedachten onder controle te houden. Zelfs als de vooruitgang langzaam en geleidelijk is, moet je toch moeite blijven doen met geduld, vertrouwen en enthousiasme.

13

Twijfelen wordt geleerd terwijl vertrouwen inherent in ons is. Twijfel is je allergrootste vijand. Vertrouwen is je beste vriend. Breng dit op de voorgrond en leer te geloven. Dan zul je een positief resultaat ontdekken.

14

Er is schoonheid in vertrouwen en vertrouwen bevindt zich in het hart. Intellect en redeneren zijn nodig, maar we moeten deze het niet vertrouwen in ons laten opslokken. We mogen niet toelaten dat het intellect het hart verslindt.

15

Wat we nodig hebben is vertrouwen in de Hoogste Macht die het hele universum bestuurt, die voorbij de geest en de zintuigen gaat en die zelfs het intellect laat functioneren. We moeten onderzoek doen naar de bron van die Macht, die in onszelf bestaat. Vertrouwen in die kosmische Macht samen met meditatie om die Hoogste Macht te leren kennen zullen ons helpen kennis over het Zelf, eenheid, vrede en rust te verkrijgen.

16

Als je wilt dat je lijden ophoudt, bid dan dat je verlangens verwijderd worden. Bid ook dat je vertrouwen en liefde voor God toenemen. Als je dit kunt doen, zal God al je behoeften vervullen.

17

God is altijd bij je en zal beslist verschijnen als je met diep verlangen roept. Als je de oprechte houding hebt: "Er is niemand anders die me kan redden. U alleen bent mijn toevlucht," zal God direct voor je behoeften zorgen.

18

Sommige mensen zeggen: "God is alleen maar een geloof," maar in werkelijkheid is God in het hart van ieder van ons. God heeft geen andere handen, benen, ogen of lichaam dan het onze. De kosmische Kracht in ieder van ons is God.

19

Het doet er niet echt toe of je een gelovige, atheïst of scepticus bent. Je kunt atheïst zijn en toch een gelukkig en succesvol leven leiden, zolang je maar vertrouwen in je Zelf hebt en de samenleving dient.

20

Echt vertrouwen is vertrouwen in je eigen Zelf. Zelfs als we in een uiterlijke God geloven, is deze God in werkelijkheid in onszelf. Het is ons eigen ware Zelf.

21

Heb vertrouwen in je eigen Zelf. Probeer te begrijpen wie je bent, je echte Zelf. Dat is voldoende. Als je geen vertrouwen in je Zelf hebt, is het moeilijk om vooruit te gaan, zelfs als je in God gelooft.

22

Vertrouwen en Zelfvertrouwen zijn van elkaar afhankelijk. Vertrouwen in God is om het vertrouwen in je Zelf te versterken, het vertrouwen in je eigen ware Zelf. Dit is echt Zelfvertrouwen. Als dat er niet is, kun je niet succesvol zijn in het leven.

23

Vergeet nooit dat wanneer de schemering komt, hij de dageraad al in zich draagt. De duisternis kan niet lang blijven. Te zijner tijd zal de dageraad zeker aanbreken en schijnen. Optimisme is het licht van God. Het is een vorm van genade, die je toestaat met grotere helderheid naar het leven te lijken.

24

De zon heeft het licht van een kaars niet nodig. God heeft niets van ons nodig. Wij horen Gods licht te gebruiken om de duisternis in de wereld te verwijderen. Dit is het goddelijke principe.

25

Zelfvertrouwen geeft ons mentaal evenwicht, moed en controle over onze geest. Het stelt ons in staat om de problemen in ons leven moedig onder ogen te zien. Sommige problemen zijn onvermijdelijk en onontkoombaar. Vertrouwen in jezelf zal je helpen ze tegemoet te treden en te overwinnen.

26

Vrouwen mogen nooit geloven dat ze minder dan mannen zijn. Het zijn vrouwen die aan iedere man in deze wereld het leven geschonken hebben. Wees trots op deze unieke zegen en ga verder met vertrouwen in je inherente kracht.

27

We zijn geen kaarsen die door iemand aangestoken moeten worden. We zijn de zon die uit zichzelf schijnt. We zijn de belichaming van dat Hoogste Bewustzijn en we moeten ons van deze waarheid bewust worden. We zijn liefde.

28

Wanneer mensen het vertrouwen in God verliezen, is er geen harmonie en vrede in de samenleving. Mensen handelen en leven zoals ze willen. Zonder vertrouwen verdwijnen moraal en ethiek van deze aarde en worden mensen verleid om als beesten te leven. Het ontbreken van vertrouwen, liefde, geduld en vergeving zou het leven tot een hel maken.

29

We hebben de capaciteit om te worden waarvoor ieder van ons kiest. We kunnen kiezen om een deugdzame ziel te zijn die in gedachten en daden voor anderen alleen het goede verlangt. Aan de andere kant kunnen we ook kiezen om de belichaming van het kwaad te zijn. De vrijheid van keuze is de grootste zegen van dit menselijke leven, maar om deze zegen in zijn volle vermogen te ervaren moeten we de onschuld en het vertrouwen van een kind hebben.

30

Welke religie we ook volgen, zolang we spirituele principes begrijpen, kunnen we het uiteindelijk doel bereiken: de verwerkelijking van onze ware natuur.

31

Het is erg belangrijk dat we de gevoelens en het vertrouwen van mensen van alle religies respecteren. Vertrouwen in de onmetelijke kracht van het innerlijke Zelf zal echte eenheid tussen mensen en tussen de mensheid en de natuur tot stand brengen.

32

De echte betekenis van religie is vertrouwen te hebben in het bestaan van een Hogere Macht en volgens spirituele principes te leven.

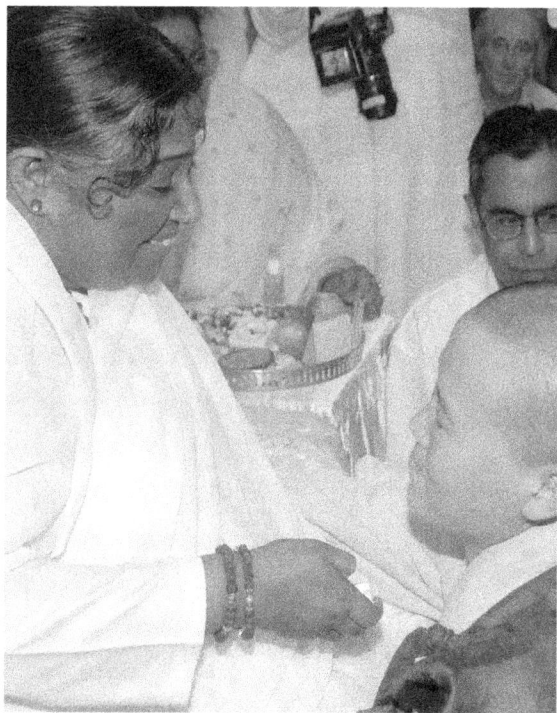

33

Er is geen verschil tussen de Schepper en de schepping net zoals er geen verschil is tussen de oceaan en zijn golven. Hetzelfde Bewustzijn doordringt alles. We moeten onze kinderen vertrouwen en liefde voor de hele schepping bijbrengen. Dit is mogelijk door goed spiritueel onderwijs.

34

Het kan geen kwaad om veel religies en overtuigingen te hebben, maar het is schadelijk om te denken dat ze verschillen en dat het ene geloof hoger is en het andere lager. Kinderen, kijk niet naar de verschillen. Zie de eenheid erin en de grote idealen die ze alle leren.

35

Liefde en mededogen zijn de onderliggende principes van alle religies. Deze goddelijke eigenschappen zijn de essentie van alle godsdiensten.

36

Liefde en vertrouwen zijn de hoekstenen van het leven. Alleen wanneer we anderen met het juiste begrip van liefde en vertrouwen dienen, zullen we zelf gelukkig en vredig zijn.

37

Metalen staven worden in bouwwerken gebruikt om het beton te versterken. Zonder deze bewapening zouden gebouwen instorten. Vertrouwen in God kan met deze staven vergeleken worden. Vertrouwen versterkt onze zwakke geest. Als we vertrouwen hebben, huilen we niet om illusionaire dingen en worden we er ook niet gek van.

38

Het intellect is als een schaar. Het snijdt en verwerpt alles en accepteert niets. Het hart is daarentegen als een naald. Het verenigt alles en maakt schijnbaar verschillende dingen één. Als we diep genoeg in onszelf duiken, zullen we de draad van universele liefde vinden die alle wezens verbindt. In dit universum is het de liefde die alles verbindt.

39

Als je echt vertrouwen hebt, kom je vanzelf in het hart. In het hart afdalen is in feite opstijgen en hoog en vrij rondvliegen.

40

Vertrouwen en liefde zijn niet twee. Ze zijn van elkaar afhankelijk. Zonder vertrouwen kunnen we niet van iemand houden en omgekeerd. Als we volledig vertrouwen en volledige liefde voor iemand hebben, geeft alleen al de gedachte aan die persoon ons een speciale vreugde. Ervaren we vreugde als we geen vertrouwen in hem hebben en hem als een dief beschouwen? De minnaar opent zijn hart voor zijn geliefde omdat hij vertrouwen in haar heeft. Dat vertrouwen is de basis van liefde. Liefde komt uit vertrouwen voort.

41

Het hele leven is gebaseerd op vertrouwen. Voor iedere stap vooruit hebben we vertrouwen nodig. Vertrouwen creëert een stroom, die het hele universum doordrenkt.

42

Liefde is de universele remedie. Wanneer er wederzijdse liefde, aandacht en begrip in het leven zijn, en als we vertrouwen in elkaar hebben, nemen onze problemen en zorgen af.

43

Richt je op liefde, wederzijds vertrouwen en geloof. Als je liefde en vertrouwen hebt, zal alertheid in al je handelingen vanzelf volgen.

44

Echt luisteren is mogelijk wanneer je van binnen leeg bent. Als je de houding hebt: "Ik ben een beginner, ik weet niets," dan kun je met vertrouwen en liefde luisteren.

45

We moeten het vertrouwen hebben dat God altijd bij ons is. Dit bewustzijn zal ons de energie en het enthousiasme geven dat we nodig hebben om iedere hindernis in het leven te transcenderen. Deze optimistische houding mag ons nooit verlaten.

46

Kinderen, sommige mensen zeggen dat er gelovigen zijn die ongelukkig door het leven gaan. Maar echte gelovigen, die echt vertrouwen hebben, zijn in alle situaties gelukkig en tevreden. Het kenmerk van een echte toegewijde is dat hij altijd een glimlach van acceptatie heeft.

47

Zonder vertrouwen zijn we vol angst. Angst verminkt het lichaam en de geest en verlamt ons, terwijl vertrouwen ons hart opent en ons naar liefde leidt.

48

Als je de vergankelijke aard van de wereld begrijpt en de hulpeloosheid van het ego beseft, dan begint vertrouwen in spiritualiteit op te komen. Het licht van de genade van de Guru helpt ons om de hindernissen op onze weg te zien en te verwijderen.

49

Kinderen, als we ons herinneren dat we ieder moment kunnen sterven, zal ons dat helpen om echt vertrouwen te hebben en naar God te gaan. Komt het niet door de duisternis dat we weten hoe fantastisch licht is?

50

Waarom zou je je vertrouwen in de geest stellen? De geest is als een aap die van tak naar tak springt, van de ene gedachte naar de andere. Hij zal dit tot het laatste moment blijven doen. Stel liever je vertrouwen in een Meester. Dan zul je zeker vrede vinden.

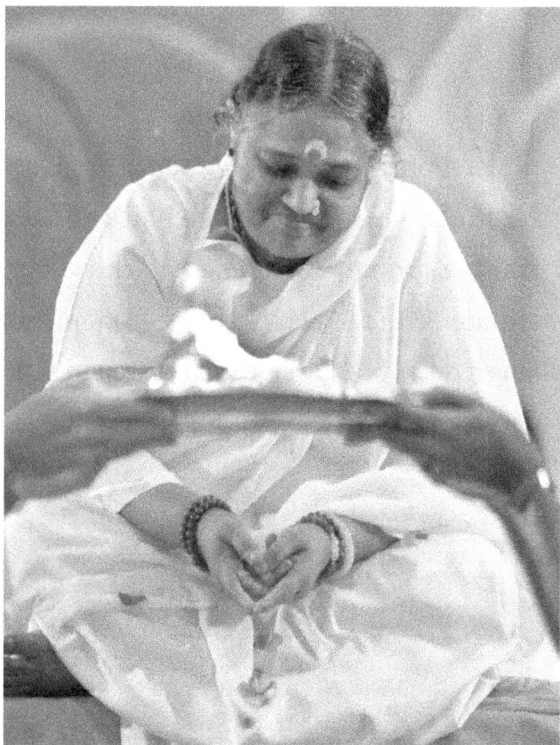

51

Het maakt voor God of een gerealiseerde heilige niet uit of mensen wel of niet in hem geloven. Zij hebben ons vertrouwen of onze diensten niet nodig. Wij hebben hun genade nodig. Alleen door vertrouwen kan genade naar ons stromen.

52

Het enige doel van de Meester is om de leerlingen te inspireren en hun het vertrouwen en de liefde bij te brengen die zij nodig hebben om het doel te bereiken. Het creëren van het vuur van de liefde voor God is de belangrijkste taak van de Meester.

53

Amma zegt niet dat je in haar of in God moet geloven. Het is voldoende om in jezelf te geloven. Alles is in je.

54

Als je een Mahatma (grote ziel) eenmaal als je Guru accepteert, streef er dan naar om onschuldig vertrouwen en de overgave van een kind te hebben. Je kunt alles wat je nodig hebt van een Satguru (gerealiseerde leraar) krijgen. Het is niet nodig om te blijven zoeken.

55

Vertrouwen is geen intellectueel proces. Je kunt de Meester niet door de geest of het intellect begrijpen. Vertrouwen alleen is de weg.

56

Gehoorzaamheid aan de Guru is erg belangrijk. De Guru is het alomtegenwoordige Parabrahman (absolute Zelf) in een menselijke vorm, je ware Zelf en de onderliggende essentie van de hele schepping. Vertrouwen in de Guru hebben is hetzelfde als vertrouwen in je Zelf hebben.

Kinderen, alles over spiritualiteit kan in één woord gezegd worden en dat woord is shraddha. Shraddha is het onvoorwaardelijke vertrouwen dat een leerling in de woorden van de Meester en in de geschriften heeft.

58

Als men vertrouwen in de Guru heeft, hem gehoorzaamt en kennis van spirituele principes heeft, zullen vasana's (neigingen) snel vernietigd worden.

Er zijn ontelbare voorbeelden van mensen die vol vertrouwen een mantra herhaalden en versoberingen ondergingen zoals Amma hen had geïnstrueerd. Hierdoor ervoeren ze verlichting van de pijn in hun leven en vermeden ze rampen die door hun horoscoop voorspeld waren.

60

Zelfs als een patiënt de beste dokter heeft, hoeft de behandeling geen succes te hebben, als de patiënt geen vertrouwen in hem heeft. Zo ook moeten wij vertrouwen in onze spirituele Meester hebben. Door dit vertrouwen zullen we genezen.

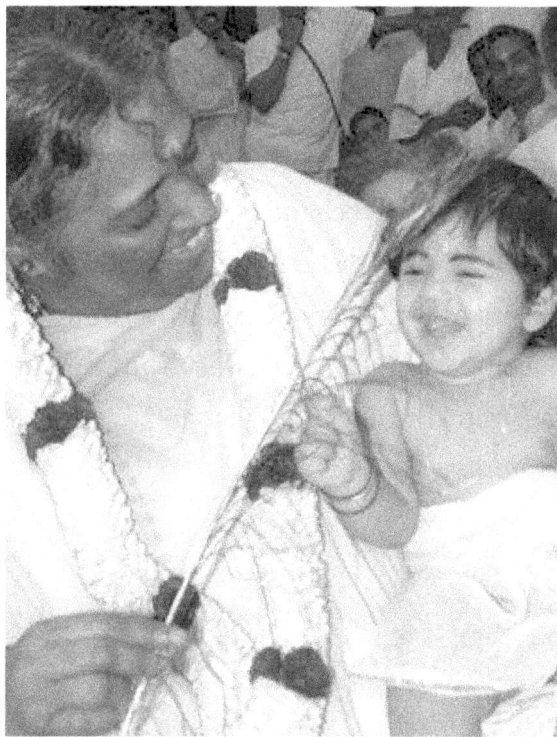

61

Het is niet voldoende om alleen maar vertrouwen in de dokter te hebben. Om beter te worden moeten we ook de medicijnen innemen. Zo ook zul je geen spirituele vooruitgang boeken, als je eenvoudig achteroverleunt zonder iets te doen en zegt: "Vertrouwen zal me redden." Zowel vertrouwen als inspanning zijn nodig om vooruit te gaan.

62

De Guru is bij je om je de weg te wijzen bij iedere strijd of crisis. Maar zit er niet werkeloos bij, enkel omdat de Guru je leidt. Inspanning en volharding van jouw kant zijn nodig.

63

Zowel vertrouwen als inspanning zijn nodig. Als je een zaadje plant, kan het ontkiemen. Maar als het goed wil groeien, heeft het water en mest nodig. Vertrouwen maakt ons bewust van onze ware aard, maar om dat direct te ervaren, moeten we ons inspannen.

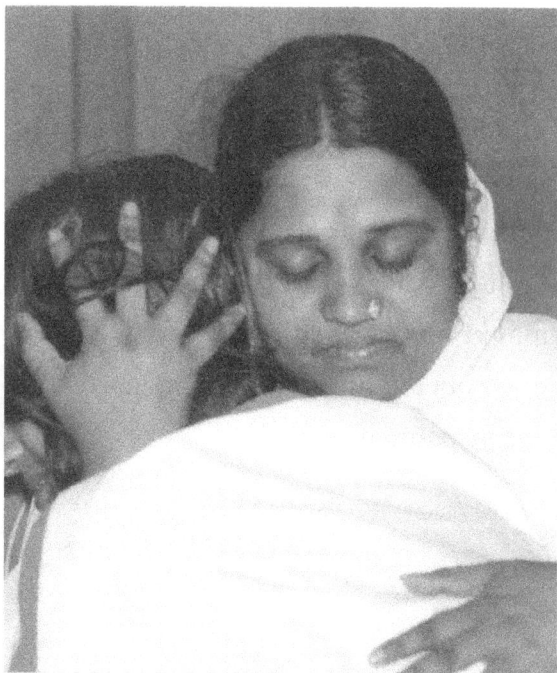

64

We moeten de beperkingen van onze handelingen en de rol van goddelijke Genade in ons leven begrijpen. Heb vertrouwen in die Kracht, mijn kinderen, en bid om genade.

65

Als je volledig vertrouwen hebt, zul je ervaren dat ieder voorwerp doordrongen is van het Hoogste Bewustzijn. Volledig vertrouwen is bevrijding. Als je deze toestand bereikt, zullen al je twijfels verdwijnen. De Guru zal je leiden om deze hoogste toestand te bereiken.

66

Niets kan iemand die echt gelooft schade berokkenen. Vertrouwen kan ons geweldige kracht geven. Alle obstakels in het leven, of ze nu door mensen of door de natuur gecreëerd zijn, storten in als ze tegen ons vaste en stabiele vertrouwen opbotsen.

67

Voor een oprechte zoeker is spiritualiteit niet van ondergeschikt belang in zijn leven. Het is even goed een deel van je als je eigen ademhaling. Je vertrouwen wordt onwankelbaar.

68

Vertrouwen zorgt ervoor dat de onophoudelijke stroom van genade van de Satguru je bereikt. Amma is meer dan dit lichaam. Ze is allesdoordringend en overal aanwezig. Heb vertrouwen dat Amma's Zelf en jouw Zelf één zijn.

69

Als je eenmaal vertrouwen in een spiritueel Meester ontwikkeld hebt, laat je vertrouwen dan niet geschokt worden. Je vertrouwen moet onwrikbaar en onafgebroken zijn. De enige manier waarop je mentale onzuiverheden verwijderd zullen worden, is door volledig vertrouwen in de Meester te hebben.

70

Niets kan het vertrouwen van een oprechte zoeker afbreken. Hij heeft onwankelbaar vertrouwen in zijn Meester en in de mogelijkheid om God te ervaren en de hoogste toestand te bereiken.

71

Als je het vastberaden vertrouwen hebt om alle situaties, zowel de positieve als de negatieve, als een boodschap van God te zien, dan is een uiterlijke Guru niet nodig. Maar de meeste mensen hebben niet zoveel kracht of vastberadenheid.

72

Heb de vaste overtuiging dat niemand je vertrouwen kan ondermijnen. Als iemand probeert je vertrouwen af te breken, zie dat dan als een test van God en ga vol overtuiging verder.

73

Proberen om verloren vertrouwen weer tot leven te brengen is als proberen haar op een kaal hoofd te laten groeien. Als je je vertrouwen eenmaal verloren hebt, is het uiterst moeilijk om het terug te krijgen. Voordat je iemand als Guru accepteert, moet je de persoon nauwkeurig observeren.

74

Als je vol onschuld en vertrouwen to Amma bidt, zal ze je zeker helpen. Ze is er altijd voor je. Als je valt, zal ze je helpen op te staan.

75

Probeer als een kind met geweldig veel vertrouwen en geduld te zijn. Om het doel te bereiken moet ons vertrouwen gestimuleerd worden met de onschuld van een kind.

76

Naarmate we ouder worden, verliezen we ons enthousiasme en onze blijheid. We verdorren en worden ongelukkig. Waarom? Omdat we ons vertrouwen en onze onschuld verliezen. Ergens in ieder van ons sluimeren de blijheid, de onschuld en het vertrouwen van een kind. Ontdek die opnieuw.

77

Speel als een kind. Maak die onschuld opnieuw in je wakker. Breng tijd met kinderen door. Ze zullen je leren om te geloven, te lachen en te spelen. Kinderen zullen je helpen vanuit je hart te glimlachen en een blik vol verwondering te hebben. Goddelijke liefde maakt je onschuldig als een kind.

78

Met het geloof en vertrouwen van een kind is alles mogelijk. Je onschuld en zuivere hart zullen je redden.

79

Misschien ga je beetje bij beetje vooruit in je spirituele ontwikkeling door je samskara's (neigingen uit vorige levens). Het is een langzaam proces dat geloof en vertrouwen vereist.

80

De spirituele energie die je door je sadhana (spirituele oefeningen) hebt verkregen, blijft bij je. Houd je vertrouwen en enthousiasme. Je inspanningen en de resultaten van je handelingen kunnen nooit vernietigd worden. Geef de hoop nooit op.

81

Geduld, enthousiasme en optimisme. Deze drie eigenschappen moeten de mantra's van ons leven zijn. Op ieder gebied kunnen we waarnemen dat degenen die vertrouwen hebben, slagen. Degenen die geen vertrouwen hebben, verliezen hun kracht.

82

Iemand die vertrouwen in de Allerhoogste heeft, houdt zich aan dat principe vast, wanneer er zich een crisis voordoet. Dit vertrouwen geeft ons een sterke en evenwichtige geest, wat ons in staat stelt om iedere moeilijke situatie het hoofd te bieden.

83

Als je echt vertrouwen in God hebt, meditatie en herhaling van een mantra beoefent en bidt, zul je genoeg kracht krijgen om ieder situatie zonder te wankelen aan te kunnen. Je zult met bewustzijn kunnen handelen, zelfs als de omstandigheden moeilijk zijn.

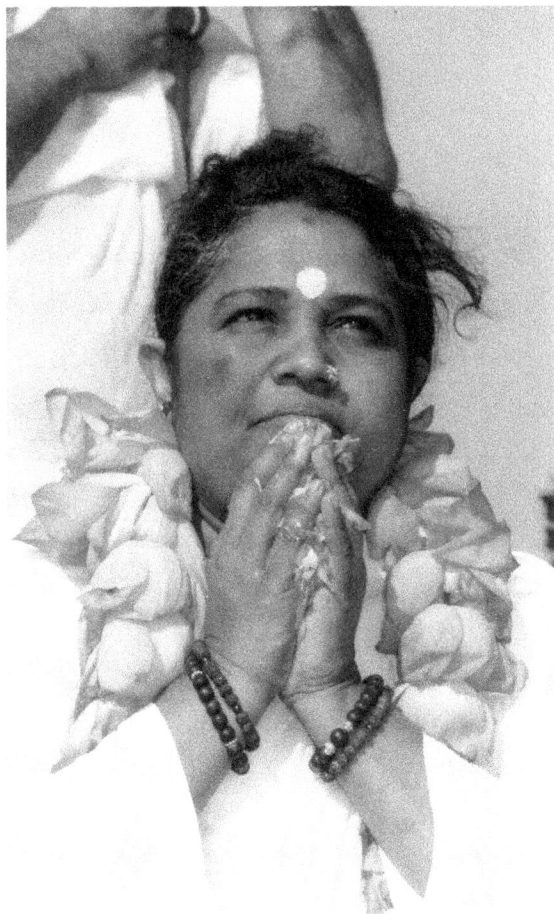

84

Vertrouwen in God zal je de mentale kracht geven om alle problemen in het leven tegemoet te treden. Vertrouwen in het bestaan van God zal je beschermen; het maakt dat je je veilig voelt en beschermd tegen alle negatieve invloeden uit de wereld.

85

Als je probeert om van je eigen schaduw weg te rennen, zul je eenvoudig van uitputting instorten. Treed de moeilijkheden van het leven liever met liefde en vertrouwen tegemoet. Vergeet niet dat je op deze reis nooit alleen bent. God is altijd bij je. Laat Haar je hand vasthouden.

86

Een echte sadhak (spiritueel zoeker) gelooft meer in het heden dan in de toekomst. Als we ons vertrouwen in het huidige moment stellen, zal al onze energie hier en nu tot uitdrukking komen. Geef je aan het huidige moment over.

87

Het verleden is als een wond. Als je aan de wond krabt door herinneringen naar boven te halen, zal de wond geïnfecteerd worden. Doe dat niet of de wond zal groter worden. Laat hem liever genezen. Genezen is alleen mogelijk door vertrouwen en liefde voor God.

88

We moeten vertrouwen in onszelf ontwikkelen in plaats van op anderen te leunen voor troost. Alleen dan zullen we echte troost en voldoening vinden.

89

Mensen en voorwerpen waar je aan gehecht bent, zullen je op een dag verlaten. Iedere keer dat er iets of iemand uit je leven verdwijnt, word je misschien door beklemming en angst overvallen. Dit zal doorgaan totdat je je aan God overgeeft en vertrouwen in de eeuwige aard van je echte Zelf ontwikkelt.

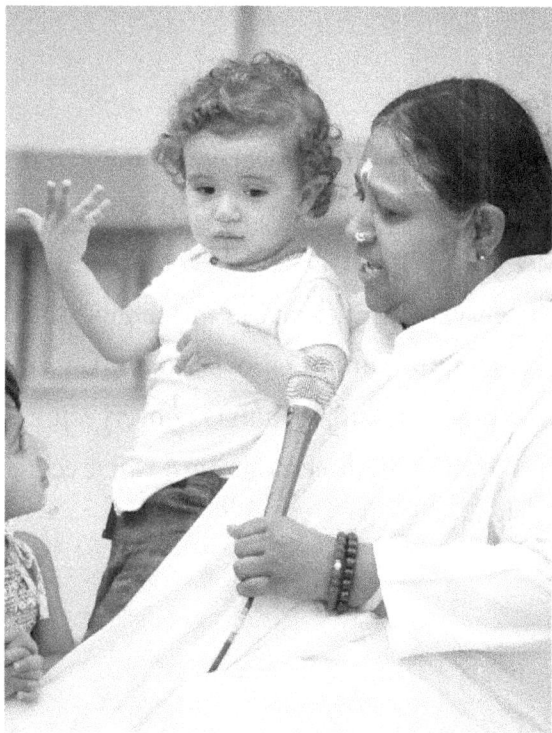

90

Alleen dankzij de genade en de kracht van de Almachtige kun je je bewegen en handelen. Wees ervan overtuigd dat God je enige echte familie en vriend is. Als je je overgeeft, zal God je altijd leiden. Met vertrouwen in God zul je nooit wankelen.

91

Al je problemen ontstaan doordat je niet stevig in je Zelf staat. Bewustzijn is de eeuwige bron van kracht. Dit kleine wereldje van ons moet zich ontwikkelen totdat het het gehele universum wordt. Naarmate het groeit, kunnen we onze problemen zich langzaam zien oplossen.

92

Je meest hechte relatie moet die met God zijn. Vertel Haar al je verdriet; dat zal je dichterbij brengen. Ze kan niet stil en onbewogen blijven zitten als iemand met een onschuldig hart roept. Vertrouwen en overgave verwijderen alle verdriet.

93

Ieder van ons draagt een last van verdriet en pijn van ervaringen uit het verleden met zich mee. De remedie is liefde, mededogen en respect ontwikkelen. Dit zal alle wonden genezen.

94

Mededogen is een uitbreiding van het vertrouwen en bewustzijn dat God alles doordingt. Degenen die gebrek aan mededogen hebben en niet bezorgd zijn om het welzijn van anderen, hebben ook gebrek aan vertrouwen.

95

Ontvankelijkheid is de kracht om te geloven, om vertrouwen te hebben en liefde te accepteren. Het is de kracht die voorkomt dat er twijfel in je geest ontstaat.

96

Zoals iedere beslissing is geluk ook een beslissing. Neem een vast besluit: "Wat er ook gebeurt, ik zal gelukkig zijn. Omdat ik weet dat God bij me is, zal ik moedig zijn." Ga verder zonder je Zelfvertrouwen te verliezen.

97

Mijn kind, verlies nooit de moed. Verlies nooit je vertrouwen in God of in het leven. Wees altijd optimistisch, in welke situatie je je ook bevindt. Alles kan door vertrouwen en moed tot stand gebracht worden.

98

Laat goedheid je vullen zoals nectar de vroege ochtendbloem vult. Als je je opent, zul je ontdekken dat de zon altijd geschenen heeft en de wind altijd gewaaid heeft en de zoete geur van goddelijkheid met zich mee heeft gedragen. Er zijn geen voorwaarden en er wordt geen kracht gebruikt. Laat de deur van je hart eenvoudig opengaan. Hij was nooit op slot.

99

De opleiding en discipline die men in de jeugd krijgt, creëren een sterke indruk in de geest en spelen een belangrijke rol bij de vorming van het karakter. Ouders moeten ervoor zorgen dat ze niet alleen de wensen van hun kinderen stimuleren en vervullen, maar hen ook disciplineren door hun vertrouwen en een goede algemene ontwikkeling bij te brengen.

100

Als je echt vertrouwen in God hebt, kun je de natuur geen schade toebrengen. Dat komt doordat echt vertrouwen ons laat zien dat de natuur goddelijk is en niet gescheiden van ons eigen Zelf.

101

Blijf vol vertrouwen doorgaan. Iemand die onvoorwaardelijk vertrouwen heeft, zal nooit van het pad afdwalen.

102

Iemand die echt vertrouwen heeft, zal standvastig zijn. Iemand die werkelijk religieus is, kan vrede vinden. De bron van deze vrede is het hart, niet het hoofd. Een overtuiging die men door vertellen, horen of lezen verkregen heeft, zal niet lang duren, terwijl het vertrouwen dat men uit ervaring gekregen heeft, voor altijd zal duren.

Waar liefde is, is geen inspanning. Laat alle spijt over het verleden los en ontspan je. Door ontspanning krijg je meer kracht en vitaliteit. Ontspanning is een techniek waardoor je een glimp van je ware natuur kan krijgen, de oneindige bron van je bestaan. Het is de kunst om je geest tot rust te brengen. Als je deze kunst eenmaal geleerd hebt, gebeurt alles spontaan en moeiteloos.

104

Alle handelingen geven resultaat. De toekomst is het resultaat, maar maak je geen zorgen over de toekomst. Wacht geduldig, terwijl je in het heden blijft en je met concentratie en liefde handelt. Als je in ieder moment van handelen kunt leven, moeten er goede resultaten komen. Als je oprecht en met je hele hart handelt, moet dat goede resultaten hebben. Als je daarentegen over de resultaten piekert, dan laat je niet alleen na de nodige inspanning te verrichten, maar krijg je ook niet het verwachte resultaat.

105

Als je het leven en alles wat het leven brengt als een kostbaar geschenk ziet, zul je tegen alles "Ja" kunnen zeggen. "Ja" betekent acceptatie. Waar acceptatie is, draagt de rivier van het leven je altijd. Liefde stroomt eenvoudig. Iedereen die bereid is de duik te nemen en erin te springen, zal geaccepteerd worden zoals hij is.

106

Heb vertrouwen, mijn kinderen. Het is niet nodig om bang te zijn. Weet dat Amma altijd bij jullie is.

107

Een sterke vastberadenheid en rotsvast vertrouwen zijn de twee factoren die nodig zijn voor succes in alles. Heb volledig vertrouwen in de Almachtige. Vertrouwen kan wonderen creëren.

108

Steek de lamp van liefde en vertrouwen in je aan en ga verder. Als we iedere stap vol goede gedachten en met een glimlach op ons gezicht zetten, zal alle goedheid naar je toe komen en je helemaal vullen. Dan kan God onmogelijk bij je weg blijven. God zal je omhelzen.

www.ingramcontent.com/pod-product-compliance
Lightning Source LLC
Chambersburg PA
CBHW060209070426
42447CB00035B/2882